AF450873

INSTRUCTION

SUR LE SERVICE

QUE LES

REGIMENS DE CAVALERIE

DEVRONT FAIRE

DANS LES

CAMPS QUI S'ASSEMBLERONT

pendant la préfente année 1753.

Du 29 Juin 1753.

A PARIS,

DE L'IMPRIMERIE ROYALE.

M. DCCLIII.

TABLE

Des Titres contenus dans l'Inſtruction du 29 juin 1753, ſur le ſervice que les régimens de Cavalerie devront faire dans les Camps qui s'aſſembleront pendant la préſente année 1753.

INSTRUCTION

INSTRUCTION

Sur le service que les Régimens de Cavalerie devront faire dans les Camps qui s'assembleront pendant la présente année 1753.

Du 29 Juin 1753.

DU CAMPEMENT.

ARTICLE PREMIER.

LES Mestre-de-camps des régimens qui ont eu ordre de se tenir prêts à camper, auront soin qu'ils soient pourvûs de tout ce qui est nécessaire à cet effet.

II.

IL y aura six tentes égales par compagnie; savoir, une pour le Maréchal-des-logis, & cinq pour les Cavaliers, à raison de six hommes par chambrée.

Tentes.

III.

LES chambrées seront composées d'anciens & de nouveaux Cavaliers.

IV.

CHAQUE chambrée sera pourvûe d'une marmite,

Marmites & outils.

A

d'une gamelle, d'un barril, d'une pelle, d'une pioche, d'une hache, & d'une ferpe.

V.

Manteau d'armes.

IL y aura un manteau d'armes par régiment, pour couvrir les armes des Cavaliers de la garde des étendards.

V I.

Cordeaux.

IL y aura un cordeau par efcadron, de cinquante-fix pas de longueur, pour marquer le front du camp, & un autre de trente-fix pas, pour en marquer la profondeur : ces cordeaux feront divifés par toifes & demi-toifes.

Il y aura auffi par compagnie une fiche blanche de fept pieds de haut, ferrée par un bout, & ayant à l'autre une banderole des mêmes couleurs du galon affecté à chaque régiment.

V I I.

Avis de l'arrivée.

QUAND le régiment arrivera dans le lieu le plus à portée de celui où il devra camper, celui qui le commandera donnera avis de fon arrivée au Commandant du camp, & à l'Intendant.

V I I I.

Détachement pour aller marquer le camp.

LE Commandant du régiment fera partir à l'avance pour aller au campement, un Officier major avec un Maréchal-des-logis par efcadron, un Brigadier & un Cavalier par compagnie.

I X.

LES Maréchaux-des-logis feront munis des cordeaux, & les Brigadiers des fiches ci-deffus indiqués.

X.

AUCUN autre que les Officiers, Maréchaux-des-logis, Brigadiers & Cavaliers, commandés pour le campement, n'y marchera avec eux, à moins d'un ordre contraire.

X I.

Diftribution du terrein.

QUAND l'alignement du camp aura été réglé fur des points de vûe donnés, l'aîle droite ou l'aîle gauche de Cavalerie (felon le côté par lequel on devra commencer) marquera fon camp ; & quand l'Infanterie aura marqué le fien, l'autre aîle continuera de même, laiffant cinquante pas d'intervalle entre le camp de l'Infanterie & le fien.

X I I.

LE Maréchal-des-logis de la Cavalerie diftribuera aux Majors des brigades de ce corps, le terrein qui lui aura été défigné; & ceux-ci le diftribueront à chaque régiment & efcadron.

X I I I.

LES Majors de l'aîle de la Cavalerie qui marquera fon camp la dernière, fuivront l'alignement de l'Infanterie, à moins qu'il n'eût été ordonné de faire un coude.

X I V.

LES camps des efcadrons d'un même régiment ou d'une même brigade, feront marqués dans le même ordre qu'ils devront être en bataille.

X V.

ON laiffera fix pas d'intervalle entre le camp de chaque régiment, & trente pas d'une brigade à l'autre.

Intervalles,

X V I.

LORSQUE le cordeau du front du camp de l'efca-dron aura été tendu, on marquera la place de la fourche des premières tentes de chaque compagnie, de manière que les tentes des deux compagnies du centre de l'efca-dron qui feront adoffées, occupent treize pas ou trente-neuf pieds, y compris la ruelle pour l'écoulement des eaux, & qu'il y ait quinze pas ou quarante-cinq pieds entre les tentes des compagnies qui fe feront face.

Place des tentes des Cavaliers.

X V I I.

LE cordeau qui devra marquer la profondeur du camp, fera placé perpendiculairement à celui du front, fur l'alignement que la première compagnie devra former, auquel les autres compagnies fe conformeront.

X V I I I.

ON laiffera fept pas ou vingt-un pieds entre les fourches des tentes de chaque compagnie.

X I X.

LES piquets des chevaux feront plantés trois pas en avant des fourches des tentes: le premier fera mis vis-à-vis de celle de la tente du Maréchal-des-logis; & on laiffera

Place des piquets des chevaux.

un intervalle entre les chevaux de chaque chambrée, pour le paſſage des Cavaliers.

X X.

Place des fourrages.

L'o n mettra les fourrages dans l'intervalle des tentes de chaque compagnie; & la dernière chambrée, pour éviter les accidens du feu, à cauſe de la proximité des cuiſines, les mettra entre ſa tente & celle de la chambrée précédente.

X X I.

Place des cuiſines & des forges.

Les places des cuiſines ſeront à quinze pas de la dernière tente des Cavaliers ; & les forges ſeront placées ſur le même alignement.

X X I I.

Des Vivandiers.

Celles des tentes des Vivandiers, à dix pas des cuiſines.

X X I I I.

Des tentes des Officiers.

Celles des tentes des Lieutenans & Cornettes, à vingt pas de celles des Vivandiers; & celles des Capitaines, à vingt pas de celles des Subalternes.

X X I V.

A l'égard des tentes des Officiers ſupérieurs des régimens, elles ſeront trente pas en arrière de celles des Capitaines; ſavoir, celle du Meſtre-de-camp, vers le centre du régiment, celle du Lieutenant-colonel, à la gauche de celle du Meſtre-de-camp, & celles du Major & de l'Aide-major, à la gauche, & un peu en arrière de celles du Meſtre-de-camp & du Lieutenant-colonel; obſervant, que quand le régiment ſera campé par ſa gauche, les tentes du Lieutenant-colonel & des Officiers majors devront être ſur la droite de celle du Meſtre-de-camp.

X X V.

Les portes de toutes ces tentes ſeront tournées du côté du camp; & afin qu'elles ſoient alignées ſur celles des Cavaliers, ainſi que les cuiſines & les forges, l'Officier major qui fera marquer le camp, aura attention qu'il ſoit mis des fiches qui indiquent cet alignement.

X X V I.

X X V I.

S I l'on se trouve dans l'obligation de resserrer ou d'étendre le camp, on diminuera ou on augmentera les intervalles entre les régimens & les brigades, & entre la Cavalerie & l'Infanterie : on pourra aussi élargir les rues des chevaux; mais on n'augmentera ni ne diminuera jamais l'intervalle entre les tentes adossées.

Resserrer ou élargir le camp.

X X V I I.

L E camp étant marqué , les Majors ordonneront aux Maréchaux-des-logis & Brigadiers de campement, d'empêcher que les troupes & les équipages ne passent ailleurs que dans les grands intervalles.

Passage par les grands intervalles.

X X V I I I.

L O R S Q U E les marqueurs du camp auront marqué les maisons qui devront être occupées dans le voisinage, s'il en reste dans le terrein d'une brigade qui n'aient point été marquées par eux, il sera permis au Brigadier, & après lui au Major de brigade, d'y loger; mais au défaut de maisons dans ledit terrein , ces Officiers seront obligés de camper à la queue de leur brigade.

Logement du Brigadier & du Major de brigade.

X X I X.

P O U R éviter toute difficulté sur la fixation du terrein de chaque brigade, sa largeur sera comptée, à l'égard de celles qui seront campées en première ligne, depuis l'aligne-ment de l'encoignure de la première tente de la droite, jusqu'à celui de la première tente de la brigade suivante; & en profondeur, depuis soixante-dix toises en avant du front du camp, jusqu'à quatre-vingts toises en arrière : quant aux brigades de la seconde ligne, leur terrein s'éten-dra sur la même largeur depuis leur front de bandière jusqu'à deux cens toises en arrière.

X X X.

A U C U N des Officiers à qui il est ordonné de camper, ne pourra, sous quelque prétexte que ce soit, s'établir ni mettre ses chevaux, domestiques & équipages dans une maison voisine du camp.

Défenses aux Officiers de loger.

B

X X X I.

LES Majors de brigade feront tenus d'avertir le Brigadier & le Maréchal-des-logis de la Cavalerie, des Officiers qui ne feront pas campés à leurs troupes, ou qui feront contrevenus à l'article ci-deſſus; & celui-ci en rendra compte au Commandant du camp & à celui de la Cavalerie.

X X X I I.

QUI que ce ſoit, en aucun cas, ne pourra loger dans les Egliſes ou Chapelles.

X X X I I I.

Conduite au camp. CHAQUE Major de campement ira au devant de ſon régiment dès qu'il en verra arriver la tête, pour le conduire ſur le terrein où il devra camper ; & lorſque la colonne des équipages commencera à paroître, un Maréchal-des-logis ira pareillement au devant pour les conduire à la queue du camp, aux places qui auront été marquées ; obſervant de s'informer des chemins par leſquels les troupes & les équipages devront venir au camp, afin qu'ils y arrivent ſans embarras.

DE L'ETABLISSEMENT DANS LE CAMP.

X X X I V.

Arrivée au camp. LE régiment étant arrivé à la tête de ſon camp, s'y mettra en bataille l'épée à la main, faiſant face en dehors.

X X X V.

UN Officier major fera aux Cavaliers les défenſes ordonnées.

X X X V I.

Piquet. IL fera ſortir des rangs le piquet, qui ſe portera trente pas en avant du régiment, & y reſtera juſqu'à ce que le régiment étant campé, le Commandant de la brigade lui ordonne d'entrer dans le camp.

X X X V I I.

Garde de l'étendard. LE Major fera auſſi ſortir des rangs les Cavaliers pour la garde des étendards, & le Brigadier qui devra les commander, lequel les fera entrer dans le camp, mettre pied à terre, attacher leurs chevaux à leurs piquets, prendre leurs moufquetons, & venir fe placer à la tête du camp de la première compagnie, pour y recevoir les timbales & les étendards quand ils y arriveront.

X X X V I I I.

L'AVANT-garde du régiment fe portera en avant avec les timballes, entre le piquet & le régiment auquel elle fera face ; alors le Lieutenant-cornette ou Maréchal-des-logis de chacune des compagnies où les étendards font attachés, & à leur défaut un Brigadier, fe portera en avant fuivi du Cavalier portant l'étendard ; lequel fera efcorté de deux Cavaliers ayant le fabre à la main pour les conduire à cette avant-garde, où il laiffera lefdits trois Cavaliers.

X X X I X.

LORSQUE le Brigadier ou le Meftre-de-camp commandant la brigade, aura donné l'ordre au Major de Brigade ou du régiment, de faire entrer la brigade ou le régiment dans fon camp, chaque Officier major, après avoir fait remettre les fabres, fera faire demi-tour à droite par compagnie à fon régiment, & marcher pour entrer dans le camp. *Entrée dans le camp.*

X L.

LES efcadrons de la même brigade obferveront de faire ce mouvement enfemble autant qu'il fera poffible, en fe réglant fur le régiment chef de brigade.

X L I.

LE régiment étant entré dans fon camp, l'Officier commandant l'avant-garde marchera à la garde des étendards, à laquelle il les remettra ainfi que les timbales ; & il entrera enfuite dans le camp avec fa troupe.

X L I I.

LES Brigadiers & Meftre-de-camps refteront à cheval à la tête du camp, jufqu'à ce qu'ils y aient vû entrer leur brigade ou leur régiment.

X L I I I.

LES Officiers & Maréchaux-des-logis de chaque compagnie en feront tendre & aligner les tentes, & ne mettront point pied à terre qu'elles ne soient tendues.

X L I V.

Détachemens aux fourrages & autres distributions.

PENDANT qu'on tendra les tentes, un Officier major assemblera promptement à la tête du camp, le nombre de Cavaliers nécessaire pour aller aux fourrages & autres distributions, avec les Officiers & Maréchaux-des-logis qui devront les conduire.

X L V.

Propreté du camp.

DÈS que les tentes seront tendues, les Officiers & Maréchaux-des-logis des compagnies feront balayer les rues & la tête du camp.

X L V I.

Feu.

ILS empêcheront de faire du feu ailleurs qu'aux places marquées pour les cuisines & les forges.

X L V I I.

Communications.

LES Officiers majors feront faire diligemment les communications nécessaires tant à leur droite qu'à leur gauche, en avant & en arrière, sans avoir aucun égard au temps & à la fatigue; & s'il se trouvoit devant le régiment un terrein inégal, ils le feront applanir jusqu'à quarante pas en avant du front du camp.

X L V I I I.

LE terrein dont chaque régiment sera chargé, contiendra depuis le front de sa première tente jusqu'à celle de la première compagnie du régiment voisin; l'intervalle de l'un à l'autre devant être censé faire partie de celui qui aura été distribué au premier pour camper.

X L I X.

Latrines.

ON fera creuser les latrines sur le même alignement que celui de l'Infanterie: on mettra un appui à la place où elles auront été marquées, & une feuillée s'il est possible; & tous les huit jours on fera de nouvelles latrines, & on comblera les anciennes qu'on marquera avec un jalon.

L.

L.

D ANS les régimens où il y aura des bouchers, les
Majors leur indiqueront en même temps le terrein où
ils devront se placer, dans un assez grand éloignement
pour qu'ils ne puissent point causer d'infection dans le
camp ; & ils les obligeront d'enterrer les entrailles des
bestiaux qu'ils tueront.

Ils empêcheront qu'il ne s'établisse dans leur camp des
Vivandiers d'un autre régiment.

L I.

O N commandera pour les premières corvées le nombre
d'hommes nécessaire, sans y employer les Cavaliers de
piquet ; & lorsqu'il y aura à la garde de l'étendard des
Cavaliers arrêtés pour châtiment, on les obligera à faire
les travaux du camp.

L I I.

D EPUIS le moment où la troupe sera entrée dans le
camp, jusqu'à celui où elle sera campée dans l'ordre où
elle doit l'être, les Officiers majors seront tenus de rester
à cheval à la tête du camp, sans pouvoir se retirer que
tout ce qui est prescrit ci-dessus n'ait été auparavant
exécuté.

L I I I.

I LS iront ensuite visiter les abreuvoirs à portée du
camp, pour faire mettre en état ceux qui seront praticables ;
& les Majors de brigade feront rompre ceux qui seroient
dangereux.

L I V.

L ES Majors des régimens donneront en arrivant au
camp, & ensuite tous les mois, au Maréchal-des-logis de
la Cavalerie, un état exact de la force du régiment & du
nombre des Officiers présens, auquel ils ajoûteront les
noms & les grades des Officiers qui manqueront, les raisons de leur absence & les lieux où ils seront.

L V.

I LS rendront compte à ce même Officier de ce qu'il
y aura à leur régiment de poudre, de balles & de pierres

C

à fuſil, pour qu'il leur en procure la quantité néceſſaire.

L V I.

Viſite du camp.

LES Majors de brigade commanderont au moins tous les deux jours un Maréchal-des-logis & quelques Cavaliers par régiment pour viſiter la tête & la queue du camp, enterrer les immondices qui s'y trouveront, faire tranſporter au loin les chevaux morts, & les faire enterrer à quatre pieds de profondeur au moins.

DE LA GARDE DE L'ETENDARD.

L V I I.

Sa compoſition.

LA garde des étendards de chaque régiment, ſera compoſée de trois Cavaliers par compagnie, commandés par un Brigadier.

L V I I I.

Cavaliers bottés pendant le jour.

LES Cavaliers ſeront bottés pendant le jour, & en ſouliers pendant la nuit ; à l'égard du Brigadier, il ſera en ſouliers jour & nuit.

L I X.

Place de la garde.

CETTE garde ſe tiendra à côté des timbales & des étendards, qui ſeront poſés ſix pas en avant du premier piquet des chevaux de la première compagnie du régiment, à leur droite ou à leur gauche ſelon que le régiment campera par ſa droite ou par ſa gauche.

L X.

Sa durée.

ELLE ſera relevée tous les matins au point du jour.

L X I.

Manière de la relever.

LA nouvelle garde s'aſſemblera devant le camp au centre du régiment, où elle ſera viſitée par un Officier major, & par le Brigadier qui relèvera, pour s'aſſurer que les armes ſoient en état & chargées, & les Cavaliers bien tenus.

L X I I.

LE Brigadier portant ſon mouſqueton de la main gauche, ſe fera ſuivre par les Cavaliers deux à deux, ayant leurs mouſquetons ſur le bras gauche, & les conduira jufqu'à l'ancienne garde, que le Brigadier qui defcendra aura fait mettre en haie à fon pofte.

L X I I I.

QUAND le Brigadier approchera de l'ancienne garde, il fera filer les Cavaliers derrière lui un à un, jufqu'à ce qu'étant arrivé à la hauteur du Brigadier de cette garde, il s'arrêtera & fe formera vis-à-vis d'elle en faifant à droite.

L X I V.

LE Brigadier de la nouvelle garde ayant pris la con-figne & relevé les fentinelles, l'ancienne garde fe retirera dans le même ordre que la nouvelle fera venue jufqu'au centre du front du camp du régiment, d'où le Brigadier qui la commande la renverra.

L X V.

LE Brigadier de la nouvelle garde fera développer enfuite les étendards, excepté dans les temps de groffe pluie, pendant lefquels ils refteront ployés auprès des timbales.

E'tendards divifés.

L X V I.

ON ne déployera pas non plus les étendards les jours de fourrage; & la nouvelle garde remplacera les fentinelles de nuit de l'ancienne garde, & ne les retirera point qu'on ne foit revenu du fourrage.

L X V I I.

LES étendards étant déployés, le Brigadier les remettra aux Cavaliers des compagnies à la tête defquelles ils devront être portés, qui feront les premiers à entrer en faction.

L X V I I I.

COMME il y a deux étendards par efcadron, les fix Cavaliers des deux compagnies de la droite feront deftinés à en garder un, & ceux des compagnies de la gauche, l'autre, lorfqu'ils feront difperfés.

L X I X.

LES Cavaliers qui porteront les étendards, feront gantés: ils les tiendront de la main gauche, pofés fur l'épaule, & ils feront accompagnés chacun de droite & de gauche par les cinq autres Cavaliers des deux compagnies aux-quelles chaque étendard est affecté.

L X X.

Le Brigadier ayant ainsi rangé les Cavaliers de sa garde, il les fera marcher le long du front du camp ; observant que ceux des compagnies les plus éloignées marchent les premiers.

L X X I.

A mesure que chaque étendard arrivera vis-à-vis de la compagnie devant laquelle il devra être posé, le Cavalier qui le portera le pointera dans terre vis-à-vis, & six pas en avant du premier piquet des chevaux de cette com-pagnie, & il y restera en faction le sabre nud à la main, se promenant auprès de l'étendard : les cinq autres Ca-valiers qui l'auront accompagné, poseront leurs armes sur un chevalet long de quatre pieds & de la même hauteur, qui sera dressé à cet effet sur la même ligne que l'éten-dard ; & ils seront renvoyés ensuite à leurs tentes par le Brigadier.

L X X I I.

Les mêmes choses ayant été observées pour tous les étendards du régiment, le Brigadier retournera au premier étendard, & avertira en passant les sentinelles aux étendards, d'appeler lorsque la garde devra prendre les armes.

L X X I I I.

Visites de jour.

La garde des étendards prendra les armes pour le Com-mandant du camp, pour celui de la Cavalerie, pour les Officiers généraux de jour, & pour les Inspecteurs, & lorsqu'il passera une troupe devant le front du camp du régiment.

L X X I V.

Alors les Cavaliers factionnaires à chaque étendard, se plaçant derrière cet étendard, en empoigneront la lance de la main gauche à la hauteur de la poitrine, tenant leur sabre nud de l'autre main, la garde appuyée sur la cuisse, la lame croisant l'étendard, portant sur le pouce de la main gauche qu'elle débordera par la pointe

d'environ

d'environ un demi-pied, les deux talons vis-à-vis l'un de l'autre fur la même ligne, à un demi-pied de diftance l'un de l'autre, la pointe de la botte du pied gauche touchant la lance de l'étendard, le genou gauche un peu plié, la jambe droite tendue, l'épaule droite effacée, & le regard affuré.

Les autres Cavaliers fe mettront en haie à droite & à gauche de celui qui tiendra l'étendard de leur compagnie, ayant le moufqueton fur le bras gauche.

Quant au Brigadier, il fe tiendra à la droite de la garde du premier étendard, étant repofé fur le moufqueton qu'il tiendra de la main gauche par le bout du canon, la croffe à terre, la platine tournée en dehors, & le bras tendu : il ôtera le chapeau de la droite pour faluer ceux pour qui il aura pris les armes.

L X X V.

POUR les Brigadiers & autres Officiers de marque qui pafferont le long de la ligne, les Cavaliers factionnaires aux étendards les tiendront dans la pofition ci-deffus défignée, fans appeler les autres Cavaliers de garde.

L X X V I.

LE foir, à l'heure du guet, le Brigadier appellera la garde de l'étendard ; pour lors les Cavaliers ayant quitté leurs bottes pour prendre des fouliers, & ayant leurs manteaux renverfés fur les épaules, fe mettront en haie avec leurs armes à droite & à gauche de l'étendard qu'ils auront gardé pendant le jour ; & le Brigadier les ramènera avec les étendards, commençant par les plus éloignés, dans le même ordre qu'il les aura pofés le matin. *Raffembler les étendards.*

L X X V I I.

LES étendards étant raffemblés autour des timbales, le fentinelle qui les gardera fera armé d'un moufqueton, de même que tous ceux qui feront pofés pendant la nuit.

L X X V I I I.

A l'entrée de la nuit, outre le fentinelle qui reftera aux étendards, le Brigadier en pofera deux à chaque efcadron, un à la tête & l'autre à la queue du centre de l'efcadron : *Garde de nuit.*

D

ces sentinelles se promèneront le long du front & de la queue de l'escadron, pour voir s'il ne se détachera pas des chevaux, & veiller aux accidens qui peuvent arriver.

L X X I X.

IL détachera de sa garde quatre Cavaliers pour la garde de nuit du Mestre-de-camp qui aura un sentinelle à sa tente pendant le jour.

L X X X.

EN l'absence du Mestre-de-camp, le Lieutenant-colonel aura jour & nuit à sa tente un sentinelle tiré de cette même garde.

L X X X I.

LE Commandant du régiment par accident, en aura un la nuit seulement.

L X X X I I.

LE Major ou l'Officier chargé du détail du régiment, aura un sentinelle jour & nuit.

L X X X I I I.

LE Brigadier, après avoir posé tous ces sentinelles, fera allumer le feu de sa garde, & l'entretiendra pendant la nuit.

L X X X I V.

IL partagera les factions des sentinelles, tant de jour que de nuit, de manière qu'elles soient également reparties à toute la garde.

L X X X V.

Visites de nuit. SI le Commandant du camp, celui de la Cavalerie, un Officier général de jour ou Inspecteur, le Brigadier, Mestre-de-camp & Lieutenant-colonel de piquet, ou le Maréchal-des-logis de la Cavalerie, viennent à passer le long de la ligne pendant la nuit, le sentinelle en faction aux étendards, avertira le Brigadier, qui fera prendre les armes sans bruit à sa garde, & s'avancera tenant son mousqueton d'une main & le chapeau de l'autre pour recevoir les ordres que ces Officiers pourront lui donner.

L X X X V I.

Prisonniers aux étendards. LORSQU'IL y aura aux étendards un ou plusieurs prifonniers, fi ces prifonniers font accufés de crime, ils feront attachés à un piquet & la garde reftera raffemblée jour & nuit, ce qui n'empêchera pas néanmoins qu'on ne place les étendards à la tête de leurs compagnies ; mais il ne reftera auprès de ces étendards que les fentinelles pour les garder ; & indépendamment du fentinelle qui fera au premier étendard, on mettra un fecond Cavalier en faction avec un moufqueton pour garder les criminels, lequel en fera refponfable, ainfi que le Brigadier : il fera même commandé un détachement particulier pour garder les criminels, fi le nombre en eft trop grand, pour que la garde de l'étendard y puiffe fuffire.

LXXXVII.

QUAND les prifonniers ne feront détenus que par correction, la garde fe divifera à l'ordinaire ; cependant fi quelqu'un de ces prifonniers faifoit la tentative de s'échapper, on l'attachera à un piquet comme un criminel.

LXXXVIII.

LES jours de marche on relèvera également la garde *Jours de marche.* de l'étendard à la pointe du jour. L'Officier qui fera nommé pour commander l'avant-garde, fera monter fa troupe à cheval quand on fonnera l'affemblée, & il fera prendre les timbales & les étendards, qu'il diftribuera chacun à leur compagnie quand le régiment fera en bataille.

LXXXIX.

LES étendards ayant été ainfi remis, les Cavaliers de garde rentreront chacun dans leurs compagnies, pourvû qu'il n'y ait pas de prifonniers aux étendards ; parce qu'en ce cas, ils devroient les conduire à la tête du régiment, jufqu'au nouveau camp.

DU PIQUET.

X C.

LE piquet de chaque régiment confiftera en une *Sa compofition.* troupe de cinquante Maîtres, y compris deux Brigadiers, un Trompette & un Maréchal, commandés par un Capitaine, un Lieutenant, un Cornette & un Maréchal-des-logis : cette troupe sera composée comme les chambrées, d'anciens & de nouveaux Cavaliers.

X C I.

Officiers supérieurs du piquet. IL sera nommé tous les jours à l'ordre un Brigadier, un Mestre-de-camp, un Lieutenant-colonel, & un Major de piquet, qui seront aux ordres des Officiers généraux de jour, & du Commandant de la Cavalerie.

X C I I.

Durée du piquet. LE piquet se formera, comme il a été dit, à l'arrivée du régiment au camp, & il sera relevé tous les jours.

X C I I I.

Inspection. LE nouveau piquet s'assemblera au jour, à la tête de son régiment, où le Major fera l'inspection des hommes, des armes & des chevaux, avant de faire celle des gardes.

X C I V.

Piquet à la tête du camp. CETTE inspection étant faite, les piquets monteront à cheval, & resteront en bataille, chacun à la tête du camp de son régiment, jusqu'à ce que les gardes ordinaires soient parties du rendez-vous, où on les assemblera pour aller relever les anciennes gardes ; & alors on fera rentrer les piquets dans le camp.

X C V.

Jours de fourrage. LES jours de fourrage, le nouveau piquet montera à cheval au boute-selle, sans attendre d'autres ordres : il se tiendra à la tête du camp de son régiment, d'où il enverra des vedettes à la queue & aux flancs du camp, afin d'empêcher les Cavaliers & Valets d'en sortir que le rendez-vous ne soit donné, & que les fourrageurs n'aient reçû l'ordre de partir avec les escortes commandées ; & le piquet ne rentrera dans le camp que lorsque tous les fourrageurs y seront revenus.

X C V I.

Jours de marche. LES jours de décampement, le piquet montera de même à cheval au boute-selle, & mettra pareillement des vedettes à la queue & aux flancs du camp, pour que personne

ni

ni aucuns équipages n'en fortent, jufqu'à ce que l'ordre du départ ayant été donné, chaque piquet rentrera dans fon régiment.

X C V I I.

LE Meftre-de-camp & le Lieutenant-colonel entrant de piquet, refteront à cheval à la tête des piquets pendant tout le temps qu'ils feront à la tête du camp.

Préfence des Officiers fupérieurs à la tête des piquets.

X C V I I I.

LES Brigadier, Meftre-de-camp & Lieutenant-colonel fortant de piquet, fe trouveront aux gardes montantes, pour rendre compte à l'Officier général de jour de ce qui fe fera paffé pendant la nuit; & ils iront enfuite en rendre compte au Commandant de la Cavalerie.

Leur préfence aux gardes montantes.

Le Brigadier entrant de piquet, fe trouvera auffi aux gardes montantes, pour recevoir les ordres de l'Officier général de jour.

X C I X.

LES piquets étant rentrés dans le camp, feront toûjours prêts à marcher: pour cet effet, les Officiers & Cavaliers ne pourront s'éloigner du camp ni fe deshabiller, & ils refteront bottés jour & nuit, & leurs chevaux fellés: les Cavaliers auront foin qu'il y ait des licols à la tête de leurs chevaux, dont ils auront la bride fous la main.

Piquets dans le camp.

C.

LES trois Officiers & le Maréchal-des-logis de chaque piquet, s'arrangeront enfemble de façon qu'un d'eux foit continuellement jour & nuit à la garde de l'étendard, ayant fon cheval tout prêt pour faire monter le piquet à cheval en cas de befoin, & vifitant de temps en temps le piquet, tant de jour que de nuit, pour voir s'il fera en état.

Un Officier de piquet à la garde de l'étendard.

C I.

Si l'on fait marcher le piquet, dès qu'il fera forti du camp on en commandera un fecond, & même un troi-fième fi le fecond marchoit.

Marche & remplacement des piquets.

C I I.

QUAND le piquet rentrera dans le camp, après avoir

Leur rentrée après avoir paffé

passé les gardes ordinaires, son service sera fait, & celui qui l'aura remplacé restera en fonction.

C I I I.

ON tirera du piquet tous les Cavaliers qui seront commandés pour aller en détachement, & on remplacera aussi-tôt ceux qui en auront été tirés.

C I V.

LES Officiers & Maréchaux-des-logis de piquet, ne sortiront du camp que quand les piquets seront commandés sous ce nom; & lorsque ces piquets deviendront détachemens, on commandera pour aller avec eux, les Officiers & Maréchaux-des-logis qui seront les premiers à marcher.

C V.

LES piquets sortiront à la tête du camp pendant le jour, quand ils seront demandés par le Commandant du camp, celui de la Cavalerie, les Officiers généraux de jour, le Brigadier, le Mestre-de-camp & le Lieutenant-colonel de piquet, & par le Maréchal-des-logis de la Cavalerie.

C V I.

L'INSPECTEUR de la Cavalerie pourra aussi voir les piquets des régimens l'un après l'autre.

C V I I.

QUAND on appellera le piquet à la tête du camp pendant le jour, les Cavaliers sortiront bottés avec leurs bandoulières & leurs sabres, mais sans mousquetons: ils se mettront en haie entre les deux étendards de leur escadron, sur le même alignement de la garde de l'étendard.

Les Officiers se trouveront à pied dispersés en avant des Cavaliers de piquet, de manière qu'il y en ait à chaque escadron; & ils salueront seuls.

C V I I I.

L'OFFICIER de piquet qui restera au feu de la garde de l'étendard pendant la nuit, chargera le sentinelle de l'avertir en cas que les Officiers qui ont autorité sur le piquet, viennent à paſſer : alors il ira à eux ; & s'ils veulent le viſiter, il les mènera dans les rues des compagnies.

C I X.

LORSQUE les Officiers qui ont droit de viſiter le piquet, arriveront à la ligne, ils répondront au *qui vive*, & indiqueront leur grade afin d'être reconnus.

C X.

LE Brigadier, le Meſtre-de-camp & le Lieutenant-colonel de piquet feront chacun une ronde pendant la nuit, dont l'heure fera réglée par le Brigadier : non feulement ils parcourront la tête du camp, mais ils paſſeront auſſi entre les deux lignes, afin d'examiner s'il ne s'y commettra pas de deſordre.

C X I.

SI les piquets font la nuit hors du camp, ils les viſiteront pour s'aſſurer que les Officiers foient préſens, & les Cavaliers en état : pour cet effet, quand ils demanderont à voir le piquet d'un régiment, la vedette criera d'environ quinze pas, *qui vive ;* il fera répondu *France,* & elle demandera *quel régiment.* Quand on aura répondu, *Brigadier, Meſtre-de-camp* ou *Lieutenant-colonel de piquet,* la vedette les arrêtera en criant *halte là :* alors un Brigadier & deux Cavaliers de piquet s'avanceront juſqu'à la vedette, le Brigadier le fabre à la main, & les Cavaliers le mouſqueton haut, le Brigadier criera *avance qui a l'ordre,* afin de recevoir le mot de l'Officier fupérieur de piquet : ayant reçû le mot & reconnu celui qui le lui aura donné, il retournera au trot en rendre compte au Capitaine de piquet, dont la troupe fera à cheval l'épée à la main ; le Capitaine s'avancera enfuite à ſix pas de la vedette, efcorté de deux Cavaliers le mouſqueton haut, & dira *avance à l'ordre ;* l'Officier fupérieur s'avancera & recevra le mot du Capitaine, qui lui fera voir enfuite fon piquet, dont les Officiers feront chacun à leur place.

C X I I.

LES fonctions du Major de piquet feront de faire une ronde pendant la nuit à l'heure qui lui paroîtra la plus *Major de piquet.*

convenable, efcorté d'un Brigadier & de deux Cavaliers de piquet ayant leurs moufquetons ; de vifiter les gardes des étendards de la ligne, pour voir fi les Brigadiers & les Cavaliers font leur devoir ; de faire une fois le jour la vifite des piquets de la ligne, pour voir s'il y aura un Officier de piquet de chaque régiment à la tête du camp, & fi les fentinelles feront alertes.

D'examiner fi le feu des cuifines fera éteint, fi l'on ne donnera point à boire chez les Vivandiers, & s'il ne fe paffera aucun defordre.

Il rendra compte chaque jour au Major de fa brigade de ce qui fe fera paffé à fa ronde, afin que celui-ci en inftruife le Maréchal-des-logis de la Cavalerie.

DES BRIGADES.

CXIII.

LES régimens feront mis en brigade à leur arrivée au camp.

CXIV.

Arrangement des régimens & efcadrons.

LE régiment chef de brigade en prendra la droite, foit pour fe mettre en bataille, pour marcher ou pour camper : le fecond fe placera à la gauche ; & quand il y en aura un plus grand nombre, ils fe placeront de même alternativement, de manière que le dernier régiment fe trouve au centre de la brigade.

Cet ordre fera renverfé dans la brigade qui fermera la gauche de la ligne.

CXV.

LES efcadrons d'un même régiment obferveront entre eux le même ordre que tiendront les régimens dans la formation de la brigade.

CXVI.

Majors des brigades.

CELUI des Majors des régimens d'une même brigade, qui fera le plus ancien de commiffion de Capitaine, fera Major de cette brigade.

CXVII.

C X V I I.

S'IL n'y avoit dans une brigade aucun Major en état de faire le service de Major de brigade, il y seroit suppléé par l'Aide-major du régiment de la brigade qui se trouvera le plus ancien de commission de Capitaine.

DE L'ORDRE.

C X V I I I.

LES Majors de brigade iront tous les jours à l'ordre chez le Maréchal-des-logis de la Cavalerie, à l'heure qu'il leur aura indiquée, pour y écrire l'ordre qu'il leur dictera, ainsi que les détails qui concerneront leurs brigades. *Donné chez le Maréchal-des logis de la Cavalerie.*

C X I X.

ILS ne s'exempteront d'aller à l'ordre sous aucun prétexte; & lorsque pour des raisons légitimes quelqu'un d'eux ne pourra s'y trouver, il fera avertir le Major de la brigade le plus ancien après lui, qui s'y rendra à sa place.

C X X.

LE Major de brigade portera l'ordre & le mot au Brigadier de sa brigade, lorsque ledit Brigadier sera au camp, & il recevra ses ordres sur ce qu'il aura à y ajoûter avant de le distribuer aux autres Majors de sa brigade. *Porté au Brigadier.*

C X X I.

LES Majors, & à leur défaut, les Aide-majors des régimens, iront à l'ordre chez le Major de leur brigade, qui le leur dictera avec le détail concernant le service de leur régiment, & ce que le Brigadier aura jugé à propos d'y ajoûter. *Distribué par les Majors de brigade.*

C X X I I.

LES Majors des régimens ayant pris l'ordre du Major de leur brigade, iront porter le mot à leur Mestre-de-camp lorsqu'il sera au camp, lui feront la lecture de l'ordre, & recevront ceux qu'il aura à donner; après quoi ils iront donner l'ordre à leurs régimens. *Porté aux Mestre-de-camps.*

C X X I I I.

EN l'absence du Mestre-de-camp, le Major donnera *Aux Lieutenant-colonels.*

F.

le mot au Lieutenant-colonel, à qui il sera porté par l'Aide-major quand le Mestre-de-camp sera présent ; & lorsque le Mestre-de-camp & le Lieutenant-colonel ne seront point au régiment, le Major portera l'ordre également à l'Officier qui le commandera à leur défaut.

C X X I V.

Envoi de l'ordre. AUCUN Officier major n'enverra l'ordre d'un régiment à l'autre, autrement que par écrit, & par un Officier ou un Maréchal-des-logis.

C X X V.

Cercle. LORSQUE le Major d'un régiment voudra distribuer l'ordre, le Timbalier battra un appel auquel les Maréchaux-des-logis des compagnies s'assembleront à la tente du Major.

C X X V I.

IL ne sera permis d'y entrer qu'au Brigadier de la brigade, au Mestre-de-camp, au Lieutenant-colonel ou autre Officier commandant le régiment, ou autres Officiers majors.

C X X V I I.

LE Brigadier commandant la garde aux étendards, en prendra aussi-tôt deux Cavaliers qu'il conduira à cette tente ; & en les mettant en faction, l'un devant, l'autre derrière la tente, il leur donnera pour consigne de n'en laisser approcher personne que les Officiers ci-dessus.

C X X V I I I.

LE Major fera écrire aux Maréchaux-des-logis ce qu'ils auront à exécuter : il en fera faire ensuite la lecture, vérifiera leur livre d'ordre pour s'assurer qu'ils l'aient écrit exactement, & le leur fera expliquer par un Officier major.

C X X I X.

ON nommera à l'ordre les Officiers commandés pour tous les différens genres de service du camp, & le Brigadier qui devra commander la garde des étendards.

C X X X.

LE Major fera mention aussi chaque jour dans l'ordre,

des Officiers qui feront les premiers à marcher pour chaque efpèce de fervice.

C X X X I.

CHAQUE Maréchal-des-logis portera l'ordre aux Officiers de fa compagnie; & lorfqu'il fera cette fonction, il aura le chapeau bas, ainfi que l'Officier, dans l'inftant où le Maréchal-des-logis lui donnera le mot à l'oreille.

Rendu aux Officiers des compagnies.

C X X X I I.

LE Maréchal-des-logis ira enfuite dans chaque tente de la compagnie, expliquer aux Cavaliers les défenfes & ce qui aura été ordonné, & avertir ceux qui devront marcher.

Aux Cavaliers

C X X X I I I.

LE Major de brigade donnera l'ordre cacheté au Maréchal-des-logis de chaque garde ordinaire de fa brigade, que le Commandant de ladite garde aura eu foin de lui envoyer à cet effet.

Aux gardes ordinaires.

DU GUET ET DE L'APPEL,
& autres règles du camp.

C X X X I V.

UNE heure avant que le foleil fe couche, tous les Trompettes fe trouveront à la tête du camp de leur régiment, pour tenir entre eux l'école jufqu'au foleil couchant.

E'cole des Trompettes.

C X X X V.

AU fignal de la retraite, les Trompettes fonneront le guet, commençant à l'aîle droite & à l'aîle gauche par les régimens qui joindront l'Infanterie.

Signal pour fonner le guet,

C X X X V I.

LE guet étant fonné, les étendards feront rapportés à la tête de la première compagnie de chaque régiment; & le Brigadier de cette garde pofera les fentinelles de nuit.

Raffembler les étendards, & pofer les fentinelles de nuit.

C X X X V I I.

ON éteindra les feux des cuifines : les Vivandiers cefferont de donner à boire, & les Cavaliers feront rentrés dans leurs tentes une heure après la retraite.

E'teindre les feux.

C X X X V I I I.

LES Maréchaux-des-logis, & en leur abfence les Brigadiers, feront régulièrement des appels des Cavaliers de leurs compagnies, une heure après le guet fonné & au point du jour, & plus fouvent s'il eft néceffaire.

C X X X I X.

ILS feront enfuite leurs billets d'appel, fur lefquels ils marqueront s'il manque quelqu'un ou non, & le nombre des Cavaliers qui feroient morts au camp, ou qui auroient été envoyés à l'hôpital d'un appel à l'autre.

Ils dateront & figneront ces billets, & ils les porteront au Brigadier de la garde de l'étendard, qui les remettra au Major de fon régiment; & ils en rendront compte au Commandant.

C X L.

LES appels fe feront tente par tente, en appelant les Cavaliers par leur nom, & les obligeant de répondre chacun pour foi.

Les Maréchaux-des-logis ou Brigadiers qui y manqueront par négligence, ou qui ne marqueront pas fur leurs billets les Cavaliers qui ne fe feront pas trouvés à leur appel, feront punis févèrement.

C X L I.

LES Lieutenans des compagnies en feront l'appel après le guet, indépendamment de celui des Maréchaux-des-logis; & ils marqueront les Cavaliers qui auront manqué, fur des billets qu'ils figneront, & qu'ils remettront au Commandant du régiment.

C X L I I.

LES Majors des régimens formeront fur les billets d'appel des Maréchaux-des-logis ou Brigadiers, des billets datés & fignés d'eux, qu'ils enverront tous les matins au Major de leur brigade.

Ils marqueront fur ces billets les noms des Cavaliers qui auront manqué à l'appel, avec ceux de leurs compagnies, & l'heure à laquelle on fe fera aperçû de leur abfence.

Quand

Quand il n'auroit manqué perſonne, ils n'en feront
pas moins mention ſur leurs billets.

Ils y marqueront auſſi le nombre des Cavaliers entrés
à l'hôpital ou morts au camp.

C X L I I I.

CHAQUE Major de brigade formera de même ſur
les billets des Majors des régimens de ſa brigade, un billet
détaillé des Cavaliers qui y auront manqué, qu'il remettra,
après l'avoir daté & ſigné, au Maréchal-des-logis qui devra
aller à l'ordre, pour le porter au Maréchal-des-logis de la
Cavalerie.

C X L I V.

LE Maréchal-des-logis de la Cavalerie formera du tout
un état général, qu'il remettra au Commandant du camp
& à celui de la Cavalerie, à l'heure de l'ordre.

C X L V.

LES Lieutenans des compagnies feront tous les matins
la viſite des tentes, afin de voir ſi les Cavaliers ſont
propres, ſi leurs équipages & leurs armes ſont en bon
état, & s'ils feront ordinaire.

*Viſite des
Lieutenans.*

C X L V I.

ILS viſiteront auſſi deux fois le jour les chevaux de
leur compagnie, pour s'aſſurer qu'ils ſoient bien entretenus,
& les verront aller à l'abreuvoir.

DE L'ORDRE A OBSERVER
pour commander les gardes & détachemens.

C X L V I I.

LES détachemens pour toute ſorte de ſervice, feront
commandés par brigade, chacune devant fournir à ſon
tour, en commençant par la première, à proportion du
nombre d'eſcadrons dont elles feront compoſées.

*Détachemens
par brigade.*

C X L V I I I.

LE Maréchal-des-logis de la Cavalerie tiendra un
contrôle des brigades, ſuivant leur rang, ſur lequel feront
marqués tous les détachemens commandés.

*Contrôles du
Maréchal-des-
logis de la
Cavalerie.*

G

Il tiendra pareillement des contrôles des Brigadiers employés, des Meftre-de-camps & des Lieutenant-colonels, pour les commander chacun à leur tour.

C X L I X.

LES Brigadiers employés, & les Meftre-de-camps & Lieutenant-colonels, foit en pied, réformés ou par commiffion, feront commandés par rang d'ancienneté.

C L.

LES Meftre-de-camps & Lieutenant-colonels par commiffion, qui auront d'autres emplois dans la Cavalerie, y feront un double fervice; mais ils feront toûjours celui de leurs emplois, par préférence à celui de Meftre-de-camp & de Lieutenant-colonel.

C L I.

LES Majors de brigade tiendront un contrôle des régimens de leur brigade, où ils marqueront les Officiers, Maréchaux-des-logis & Cavaliers qui feront commandés par proportion du nombre de leurs efcadrons, & par rang de régiment, en commençant par le régiment chef de brigade.

C L I I.

CHAQUE Major de régiment tiendra auffi un contrôle dudit régiment, compagnie par compagnie, fur lequel il marquera le nombre d'Officiers, de Maréchaux-des-logis, de Brigadiers & de Cavaliers qui feront commandés.

C L I I I.

CES contrôles commenceront du jour de l'arrivée au camp, & feront continués jufqu'à celui de fa féparation.

C L I V.

IL y aura quatre fortes de tours de garde.

Le premier, pour les gardes d'honneur, lorfqu'il y aura occafion d'en donner.

Le fecond, pour les gardes ordinaires.

Le troifième, pour les détachemens.

Et le quatrième, pour le piquet.

C L V.

LES régimens fourniront de plus, chacun à leur tour, une garde de Capitaine pour le quartier général.

C L V I.

IL y aura un tour particulier pour les Brigadiers & Cavaliers qui feront commandés pour la garde des étendards, ainfi que pour tout autre fervice à pied, pour lequel les Cavaliers ne feront commandés qu'avec un Brigadier, ou tout au plus un Maréchal-des-logis.

C L V I I.

LES trois premiers tours de garde feront commandés par la tête, & celui du piquet par la queue.

C L V I I I.

ON fuivra exactement le rang des Capitaines, & on fera marcher les Lieutenans & Cornettes fuivant celui des compagnies auxquelles ils font attachés; ce qui n'empêchera pas que ceux du même régiment ne commandent entre eux fuivant leur ancienneté.

C L I X.

LES Maréchaux-des-logis, Brigadiers & Cavaliers feront pareillement commandés par rang des compagnies.

C L X.

L'OFFICIER qui fe trouvera en même temps le premier à marcher pour différens fervices, fera commandé par préférence pour le premier de ces fervices, dans l'ordre qui eft défigné ci-deffus.

Concours des différens tours de garde.

C L X I.

CELUI dont le tour viendra de marcher à une garde d'honneur pendant qu'il fera de garde ordinaire ou de détachement, y demeurera : s'il eft de piquet, il le quittera; & à l'inftant qu'il fera commandé, on le remplacera par celui des Officiers du même grade qui le fuivra dans le tour du piquet.

C L X I I.

CELUI dont le tour viendra de marcher à une garde ordinaire pendant qu'il fera employé à une garde d'honneur ou en détachement, continuera fon fervice actuel :

s'il eſt de piquet, il en ſera uſé comme il eſt expliqué à l'article précédent.

C L X I I I.

CELUI dont le tour pour être de piquet arrivera pendant qu'il ſera à une garde d'honneur, à une garde ordinaire ou en détachement, continuera ſon ſervice.

C L X I V.

Quand le tour ſera paſſé.

TOUT Officier qui étant le premier à marcher pour une garde d'honneur, une garde ordinaire, un détachement ou le piquet, ne ſe trouvera pas au camp quand on le commandera, ou ne pourra faire ce ſervice pour quelque cauſe que ce ſoit, ſera remplacé par celui qui le ſuivra.

C L X V.

EN ce cas, ſon tour ſera·paſſé pour les gardes d'honneur & les détachemens, dont il ne pourra venir prendre le commandement ſi-tôt qu'ils ſeront en marche & au-delà des gardes ordinaires : mais à l'égard de la garde ordinaire & du piquet, le tour n'en paſſera jamais, ſoit que l'Officier ſoit malade, abſent ou de ſervice ailleurs, devant toûjours le reprendre après ſa guériſon ou ſon retour au camp.

C L X V I.

Quand le ſervice ſera cenſé fait.

LES détachemens ne ſeront cenſés faits que lorſqu'ils auront paſſé les gardes ordinaires, & l'on ne tiendra point compte de ceux qui auront été renvoyés du lieu du rendez-vous.

C L X V I I.

Commandant par accident.

LE Commandant d'un régiment, par accident, devra être commandé à ſon tour, de garde & de détachement; il ſera ſeulement exempt de piquet pendant le temps qu'il commandera.

C L X V I I I.

Officiers majors.

LES Majors de brigade ne marcheront qu'avec leur brigade ou leur régiment.

C L X I X.

IL ſera commandé un Major ou un Aide-major pour
accompagner

accompagner un Brigadier commandé en détachement ou de piquet, lequel fera pris dans la même brigade où le Brigadier fera employé, & par préférence dans fon régiment, s'il en eft Meftre-de-camp.

C L X X.

LES Majors des régimens marcheront avec leurs Meftre-de-camps, à moins qu'ils ne foient Majors de brigade, auquel cas un Aide-major accompagnera le Meftre-de-camp à la place du Major.

C L X X I.

LES Aide-majors marcheront avec les Meftre-de-camps réformés ou par commiffion qui feront attachés à leurs régimens, & avec les Lieutenant-colonels en pied ou par commiffion, quand ils feront détachés dans ce grade. Ces Officiers prendront avec eux un Lieutenant, lorfqu'il ne reftera qu'un Officier major au régiment.

C L X X I I.

TOUTE troupe commandée pour une garde ou pour un détachement, fera compofée; favoir,

Compofition des gardes & détachemens.

Celle de Capitaine, d'un Lieutenant, un Cornette, un Maréchal-des-logis & cinquante Maîtres, compris deux Brigadiers, un Trompette & un Maréchal.

Celle de Lieutenant, d'un Cornette, un Maréchal-des-logis & trente Maîtres, compris deux Brigadiers & un Trompette.

Celle de Cornette, d'un Maréchal-des-logis, un Brigadier & vingt Maîtres.

Et celle de Maréchal-des-logis, de douze Cavaliers, compris un Brigadier.

C L X X I I I.

LE Commandant du camp pourra cependant, dans certains cas, faire doubler, s'il le juge à propos, les Lieunans & les Cornettes dans une même troupe commandée par un Capitaine.

C L X X I V.

LORSQU'UN détachement fera compofé de plus de

deux troupes de cinquante Maîtres chacune, il sera nommé un Lieutenant-colonel pour les commander.

C L X X V.

LES Officiers, Maréchaux-des-logis, Brigadiers & Cavaliers, dont chaque troupe détachée devra être composée, seront toûjours tirés du même régiment que celui qui devra les commander.

C L X X V I.

LES Maréchaux-des-logis des compagnies auront attention que les gardes & détachemens soient toûjours composés d'anciens & de nouveaux Cavaliers.

C L X X V I I.

Carabiniers. LORSQUE le Commandant du camp voudra faire marcher les Carabiniers, ils seront toûjours commandés par le plus ancien Capitaine, le plus ancien Lieutenant & le plus ancien Maréchal-des-logis de chaque régiment.

DE LA GARDE ORDINAIRE.

C L X X V I I I.

Son assemblée. LES gardes ordinaires s'assembleront tous les matins à la pointe du jour, chacune à la tête du centre du régiment qui devra la fournir.

C L X X I X.

LE Major ou l'Aide-major de chaque régiment, après avoir fait l'inspection des Cavaliers & des chevaux de sa garde, la mènera au centre de la brigade, pour la remettre au Major de brigade.

C L X X X.

LE Major de brigade fera l'inspection des gardes de sa brigade en présence des Officiers majors de chaque régiment; & il les conduira ensuite au rendez-vous général des gardes, pour les remettre au Maréchal-des-logis de la Cavalerie.

C L X X X I.

CET Officier mettra les gardes en bataille selon le rang des brigades dont elles seront tirées, & les visitera.

CLXXXII.

IL fera défiler les gardes quand il en aura reçû l'ordre *Départ*
des Officiers généraux de jour, ou du Commandant de *des gardes.*
la Cavalerie; & en leur abfence il les fera marcher fans
autre ordre : pour cet effet, il fe mettra à leur droite, &
lorfqu'il aura dit à l'Officier commandant la troupe qu'il peut
marcher, celui-ci en donnera l'ordre à fa troupe, en difant :
Prenez garde à vous : Marche.

CLXXXIII.

IL fe trouvera à l'affemblée des gardes un Cavalier
de chacune des gardes qui devront être relevées, pour
les conduire à leurs poftes : ces Cavaliers fe mettront chacun
en face de la garde qu'il aura à conduire, à la diftance
qui lui fera prefcrite, & prendra la tête de cette garde
quand elle défilera.

CLXXXIV.

LES gardes falueront en défilant le Commandant du *Salut en défilant.*
camp, les Officiers généraux de jour, & le Commandant
de la Cavalerie; mais s'ils s'y trouvent enfemble, ils ne
falueront que le plus élevé en grade.

CLXXXV.

L'INSPECTEUR de la Cavalerie pourra faire l'infpec-
tion des gardes.

CLXXXVI.

LES gardes défileront le fabre à la main & trompettes
fonnantes : les Officiers qui les commanderont pourront
faire remettre les fabres quand elles feront hors de l'alignement des gardes du camp de l'Infanterie; mais ils devront
les faire tirer de nouveau lorfque les gardes arriveront
à la vûe d'une vieille garde.

CLXXXVII.

SI une garde rencontre, chemin faifant, une troupe
armée, ou un Officier général, à qui les honneurs foient
dûs, le Commandant de cette garde fera tirer le fabre
& fonner la trompette, & faluera en marchant fans
s'arrêter.

CLXXXVIII.

Avant-garde. LES Officiers détachés avec les gardes ordinaires qui doivent être postées sur les avenues du camp, observeront au sortir du camp, d'avoir une avant-garde commandée par un Officier, lequel fera porter les mousquetons hauts aux Cavaliers de cette avant-garde, & marchera à une distance convenable de la troupe dont il aura été détaché.

CLXXXIX.

Arrivée au poste. QUAND la nouvelle garde arrivera à son poste, son avant-garde, si elle en a une, rentrera dans les rangs, & la troupe aura le sabre à la main, ainsi que l'ancienne garde qu'elle devra relever, dont elle prendra la gauche.

CXC.

Donner la consigne. LE Capitaine qui descend la garde, donnera la consigne à celui qui le relève.

CXCI.

Relever le petit corps-de-garde. CELUI-CI fera sortir de sa garde un Officier l'épée à la main, & quatre ou six Cavaliers le mousqueton haut, pour aller relever le petit corps-de-garde avancé.

CXCII.

Relever les vedettes. LES Brigadiers des deux gardes iront ensemble relever les vedettes.

CXCIII.

Reconnoître le poste. PENDANT qu'on relèvera les vedettes, les deux Capitaines visiteront ensemble les flancs & les avenues du poste; & celui qui relève prendra de l'autre les éclaircissemens nécessaires sur tout ce qui peut contribuer à sa sûreté.

CXCIV.

LES deux Lieutenans iront ensuite reconnoître le poste de nuit, ainsi que les chemins & les endroits où les patrouilles devront se porter pendant la nuit; & celui de la nouvelle garde en rendra compte au Capitaine.

CXCV.

Retour de l'ancienne garde. TOUS les postes étant relevés, la vieille garde retournera au camp, son petit corps de garde faisant l'arrière-garde : elle y arrivera le sabre à la main & trompette

sonnante,

fonnante, fe mettra en bataille à la tête du centre de fa brigade; & ayant remis les fabres, fera face au camp par une caracole : après quoi le Commandant de la garde renverra les Cavaliers, & ira rendre compte de fon retour au Commandant de la brigade & à celui du régiment.

DU SERVICE DES GARDES ORDINAIRES
dans leurs poftes.

C X C V I.

APRÈS le départ de l'ancienne garde, le Comman- *E'tabliffement* dant de la nouvelle s'emparera du pofte. *dans le pofte.*

C X C V I I.

IL ne pourra en fortir ni rien changer à la configne; mais feulement augmenter de précautions, & en rendre compte aux Officiers fupérieurs quand ils le vifiteront.

C X C V I I I.

LORSQU'IL y a du danger, le Commandant doit refter à cheval avec fa garde, & doubler les vedettes.

C X C I X.

LE refte du temps, il fera mettre pied à terre à un rang alternativement, pour débrider les chevaux & les faire manger; & il reftera toûjours un Officier au moins, à cheval avec le rang qui y fera.

C C.

OUTRE le petit corps-de-garde & les vedettes qu'il y aura à droite & à gauche de la troupe, il placera un Cavalier à pied fur le derrière du côté du camp, pour être averti s'il vient un Officier général de jour.

C C I.

S'IL y a des bois ou des haies à portée du pofte, il les fera fouiller par un Brigadier & quelques Cavaliers avant de faire mettre pied à terre; & quand même le pays feroit uni & découvert autour de lui, il ne laiffera pas d'envoyer à une certaine diftance, pour examiner s'il n'y auroit point de ravins ou chemins creux.

I

C C I I.

LE Commandant de la garde ne permettra à aucun Officier ni Cavalier de s'écarter en aucun temps, ſous quelque prétexte que ce puiſſe être.

C C I I I.

IL aura ſoin d'avoir une communication libre avec les gardes voiſines, afin que rien ne puiſſe paſſer entre elles & lui ſans être vû.

C C I V.

IL ſera conſigné aux gardes en avant & ſur les flancs du camp, de ne laiſſer paſſer au-delà aucuns Cavaliers, Dragons, Soldats ni valets, d'arrêter tous ceux qui ſe pré-ſenteront, de les envoyer au Prevôt, & d'en donner avis au Maréchal-des-logis de la Cavalerie.

C C V.

LA même conſigne ſera donnée aux gardes ſur les der-rières du camp, excepté qu'elles devront laiſſer paſſer les Cavaliers, Dragons & Soldats qui ſeront porteurs de congés dans la forme preſcrite par les ordonnances, & les valets qui auront des congés par écrit de leurs Maîtres, viſés du Major du régiment.

C C V I.

IL ſera auſſi conſigné de reconnoître ceux qui arrive-ront au camp, & de faire conduire les étrangers au Maréchal-des-logis de la Cavalerie, ſans cependant cauſer aucun trouble ni empêchement aux allans & venans pour le commerce & la ſubſiſtance du camp, & donnant au contraire toute liberté & ſûreté à ceux qui y apportent des vivres & denrées.

C C V I I.

QUAND une vedette avertira qu'elle aperçoit une troupe ou pluſieurs perſonnes enſemble venant de ſon côté, ſi la garde n'eſt pas à cheval, le Commandant l'y fera monter : il enverra deux Cavaliers au grand trot, le mouſqueton haut, à trente pas en avant des vedettes. Lorſque ceux que ces Cavaliers voudront reconnoître, ſeront à portée de les entendre, ils crieront *qui vive*, leur äyant été répondu *France*, ils demanderont *quel régiment.* Après la feconde réponfe, un des deux Cavaliers ira rendre compte au Commandant de la troupe, l'autre fe retirera au pofte de la vedette, d'où il criera à la troupe venant, *halte là;* & lorfque le Commandant lui aura envoyé dire de laiffer approcher ou paffer, il fe retirera à fa troupe, après avoir averti ceux qu'il aura arrêtés qu'ils pourront avancer ou paffer.

C C V I I I.

DEUX heures avant la nuit, le Commandant de la *Envoi à l'ordre.* garde ordinaire enverra le Maréchal-des-logis de fa troupe, au Major de fa brigade, pour lui apporter l'ordre & le mot qui lui fera envoyé par écrit & cacheté.

C C I X.

AU coucher du foleil, le Commandant de la garde la *Pofte de nuit.* fera monter à cheval, fera retirer fes vedettes & fon petit corps-de-garde, & fe retirera au pofte de nuit. En faifant cette retraite il fera deux haltes, & marchera avec une arrière-garde: il tâchera de faire ce mouvement en même temps que les gardes qui feront à fa droite & à fa gauche.

C C X.

QUAND il y a du danger, on ne doit faire boire les *Abreuvoir.* chevaux qu'après que la garde s'eft retirée au pofte de nuit; lorfqu'on les fera boire auparavant, ce ne fera qu'après que la tournée des Officiers généraux & autres aura été faite: on pourra auffi faire boire le matin avant de quitter le pofte de nuit, & dans la journée fi les chaleurs exigent que l'on faffe rafraîchir les chevaux.

C C X I.

QUAND on enverra à l'abreuvoir, fi la garde eft au pofte de jour, elle montera entièrement à cheval, les Officiers à la tête: on ne détachera que fix Cavaliers à la fois avec un Brigadier ou un Carabinier, & on attendra que les premiers foient revenus pour en envoyer d'autres. On aura auffi attention de faire relever le petit corps-de-garde pendant qu'il ira faire boire, conduit par l'Officier qui le commandera.

On prendra les mêmes précautions en allant à l'abreuvoir, partant du poſte de nuit, ſi ce n'eſt que l'on pourra y envoyer un plus grand nombre de chevaux à la fois, pour que cette opération ſoit plus tôt finie.

C C X I I.

La garde ordinaire étant établie au poſte de nuit, celui qui la commande, après avoir mis des vedettes autour & un petit corps-de-garde en avant, fera mettre pied à terre au reſte de la troupe ou à une partie, ſelon les circonſtances.

C C X I I I.

Les vedettes feront toûjours doublées pendant la nuit, & elles feront aſſez près les unes des autres, pour qu'il ne puiſſe paſſer perſonne entre elles ſans être entendu.

C C X I V.

Il y aura du feu au poſte de nuit des gardes ordinaires, autant que cela fera poſſible.

C C X V.

Patrouilles. Le Commandant de la garde règlera le temps auquel les Officiers & le Maréchal-des-logis feront tour à tour la patrouille.

C C X V I.

Celui qui devra faire la patrouille, prendra avec lui deux Cavaliers ; & après avoir reçû les derniers ordres du Commandant, il partira le piſtolet à la main, fuivi des Cavaliers ayant le mouſqueton haut, armé & accroché à la bandoulière.

C C X V I I.

Ils marcheront avec le moins de bruit qu'il fera poſſible, & feront halte de temps en temps pour écouter.

C C X V I I I.

Lorsqu'ils reviendront à la troupe, les vedettes les arrêteront, en leur criant *halte-là ;* alors un Brigadier efcorté par deux Cavaliers viendra les reconnoître, & recevoir le mot de celui qui commandera la patrouille, avec celui du ralliement : après quoi on les laiſſera rejoindre la garde ; & l'Officier rendra compte au Commandant, de ce qu'il aura vû & entendu.

CCXIX.

C C X I X.

POUR éviter que les patrouilles foient découvertes, on conviendra d'un fignal muet, que l'on donnera aux vedettes & aux patrouilles.

C C X X.

AU petit point du jour, toute la garde montera à cheval, & y reftera jufqu'à ce que la découverte ait été faite. *Reprendre le pofte de jour.*

C C X X I.

LE Commandant enverra un Cavalier de fa garde à l'endroit où s'affemblent les gardes ordinaires, afin de conduire à fon pofte la nouvelle garde qui devra le relever.

C C X X I I.

LORSQU'IL fera grand jour, on détachera un Maré-chal-des-logis avec quatre Cavaliers, pour aller faire la découverte dans tous les endroits qui lui auront été marqués.

C C X X I I I.

LA découverte étant faite, le Commandant de la garde fera retirer les vedettes, & marcher pour reprendre le pofte de jour, le petit corps-de-garde faifant l'avant-garde ; & s'il y a un pofte d'Infanterie dans le cas de prendre fon pofte de jour auprès du fien, il obfervera d'y marcher enfemble, pour fe protéger mutuellement.

C C X X I V.

SI le Commandant du camp, les Officiers généraux de jour, ou le Commandant de la Cavalerie, vifitent les gardes ordinaires pendant le jour, elles monteront à cheval, les Cavaliers auront le fabre à la main, le Trompette fonnera, & les Officiers falueront. Ils feront reçûs de même que par les piquets, lorfqu'ils font de nuit hors du camp, obfervant que les Cavaliers porteront le moufque-ton haut, & que les Trompettes ne fonneront pas. *Vifites de jour.*

C C X X V.

POUR le Brigadier de piquet, les gardes monteront à cheval pendant le jour, & le Trompette ne fonnera

K

point : il fera auffi reçû pendant la nuit comme il a été dit au titre du Piquet.

C C X X V I.

LE Maréchal-des-logis de la Cavalerie aura le droit de vifiter les gardes ordinaires, dont les Commandans exécuteront ce qu'il leur prefcrira.

C C X X V I I.

Paſſage des troupes.

LES gardes ordinaires monteront à cheval, & fonneront quand il paffera une troupe à portée d'elles pendant le jour : elles n'en laifferont paffer aucune allant au camp pendant la nuit, quand même elles l'auroient parfaitement reconnue pour être de celles du camp : elles la feront refter à l'écart, & ne lui donneront paffage que lorfqu'il fera grand jour, à moins d'un ordre du Commandant du camp ou du Maréchal-des-logis de la Cavalerie.

C C X X V I I I.

ELLES permettront néanmoins à l'Officier qui commandera cette troupe, s'il a des nouvelles preffées à donner au Commandant du camp, d'aller chez lui ou d'y envoyer.

C C X X I X.

Nouvelles.

SI le Commandant d'une garde ordinaire apprend des nouvelles qui méritent attention, il les écrira, & les enverra par un Cavalier au Maréchal-des-logis de la Cavalerie.

C C X X X.

Déferteurs.

S'IL fe préfente des déferteurs étrangers pour entrer au camp, on les fera conduire par un Brigadier & un Cavalier chez le Maréchal-des-logis de la Cavalerie, à moins qu'il ne fût trop éloigné ; auquel cas on les fera garder à vûe après les avoir fait defarmer, & on les lui amènera avec leurs armes & chevaux, en defcendant la garde, fans pouvoir les engager, ni rien acheter d'eux qu'avec la permiffion du Commandant du camp.

C C X X X I.

Relever les gardes.

AUCUNE garde ordinaire n'abandonnera fon pofte, fous quelque prétexte que ce puiffe être, qu'après avoir été relevée par une autre, ou par un ordre écrit du Commandant du camp, du Maréchal-des-logis de la Cavalerie, ou du Major de brigade, à moins qu'un Officier général de jour ou le Major de brigade ne vienne la retirer lui même.

C C X X X I I.

Un Commandant de garde ne pourra refuser de se laisser relever par une autre garde, sous prétexte qu'elle seroit moins nombreuse, ou commandée par un Officier d'un grade inférieur au sien.

C C X X X I I I.

Les jours de marche, les anciennes gardes attendront les ordres du Général pour rentrer dans leurs régimens, ou faire l'arrière-garde ; & les nouvelles s'assembleront à l'ordinaire pour suivre le Maréchal-de-camp de jour au campement, & exécuter ses ordres.

C C X X X I V.

La garde du quartier général fournira au Prevôt les Cavaliers dont il aura besoin pour son escorte.

Garde du quartier général.

Elle ne montera à cheval pour personne sans un ordre du Commandant du camp, qui lui prescrira ce qu'elle aura à faire.

Son Maréchal-des-logis ira prendre l'ordre chez le Maréchal-des-logis de la Cavalerie.

DES VEDETTES.

C C X X X V.

Les vedettes doivent toûjours être mises à portée & en vûe de la garde qui les pose.

C C X X X V I.

Quand elles ont été posées, les Officiers de la garde doivent aller successivement leur faire répéter la consigne.

C C X X X V I I.

Elles doivent se tourner de temps en temps de différens côtés, pour mieux découvrir ce qui se passera autour d'elles, & avertir en appelant ou par signes, quand elles découvrent des troupes ou plusieurs personnes venant de leur côté.

C C X X X V I I I.

CELLES qui font doublées ne doivent jamais parler ensemble que pour les cas du service : elles seront tournées de deux côtés opposés ; l'une viendra avertir pendant que l'autre restera pour observer ; & si une des deux deserte, l'autre tirera dessus.

C C X X X I X.

LES vedettes doivent toûjours avoir le mousqueton haut & armé, & accroché à la bandoulière.

C C X L.

TOUS Cavaliers qui doivent relever des vedettes, seront conduits par un Brigadier, qui partira de la troupe le sabre à la main, & les Cavaliers le mousqueton haut.

C C X L I.

LES Cavaliers qui seront relevés, auront pareillement le mousqueton haut, jusqu'à ce qu'ils aient rejoint la troupe.

C C X L I I.

QUAND le Brigadier aura plusieurs vedettes à relever, il commencera toûjours par la plus éloignée, & ramènera ensemble tous les Cavaliers qu'il aura relevés.

C C X L I I I.

LA nouvelle vedette prendra la gauche de la vieille en la relevant, & le Brigadier se tiendra devant elles, pour avoir attention que la consigne soit bien donnée.

DES CAVALIERS D'ORDONNANCE.

C C X L I V.

IL sera commandé tous les jours deux Cavaliers par brigade, pour être d'ordonnance chez le Commandant de la Cavalerie, aux ordres d'un Brigadier.

C C X L V.

IL y aura aussi deux Cavaliers par brigade, avec un
Brigadier

Brigadier d'ordonnance chez le Maréchal-des-logis de la Cavalerie.

C C X L V I.

LES Brigadiers auront chez eux deux Cavaliers tirés de leur brigade, dont ils ne pourront se faire suivre.

C C X L V I I.

LORSQUE les Majors de brigade auront des ordres à envoyer, ailleurs qu'aux gardes ordinaires, ils pourront se servir d'un Cavalier du piquet, mais sans pouvoir s'en faire suivre.

DES DÉTACHEMENS.

C C X L V I I I.

TOUS les détachemens commandés seront formés cha- *Leur assemblée.* cun à la tête du régiment qui le fournira.

C C X L I X.

L'OFFICIER major qui en fera l'inspection, visitera les armes & munitions des Cavaliers, en présence des Officiers qui devront commander le détachement : il vérifiera si les Cavaliers auront du pain & de l'avoine pour le temps qui aura été ordonné ; & il ne souffrira point aucuns chevaux qui ne soient en bon état.

C C L.

POUR remédier à ce qui pourroit se trouver de manque à cette inspection, il s'y trouvera un Officier ; & au défaut d'Officier, un Maréchal-des-logis ou un Brigadier de chaque compagnie.

C C L I.

L'OFFICIER major du régiment conduira ensuite les détachemens au centre de la brigade, d'où le Major de Brigade, après les avoir visités, les conduira au rendez-vous indiqué par le Maréchal-des-logis de la Cavalerie, auquel il les remettra en lui donnant par écrit le nom des régimens qui auront fourni les différens détachemens, & ceux des Officiers de tous grades qui seront attachés à chaque troupe commandée.

L

C C L I I.

LES détachemens de Cavalerie, de quelque régiment qu'ils foient, marcheront entre eux fuivant le rang de la brigade de laquelle ils auront été tirés ; mais les Capitaines commanderont entre eux fuivant l'ancienneté de leurs commiffions.

C C L I I I.

L'OFFICIER de grade fupérieur, foit de Cavalerie ou d'Infanterie, commandera par-tout à celui d'un grade inférieur.

C C L I V.

EN parité de grade, l'Officier de Cavalerie commandera par préférence à celui d'Infanterie, lorfqu'ils fe trouveront enfemble en campagne.

C C L V.

TOUT Officier qui aura été nommé à l'ordre de l'armée pour commander un détachement compofé d'Infanterie & de Cavalerie, le commandera pendant tout le temps que ce détachement fera hors du camp.

C C L V I.

LORSQUE l'Officier nommé à l'ordre pour commander un détachement, fera hors d'état de le fuivre, le commandement paffera à un des premiers Officiers qui auront marché avec lui, felon ce qui eft réglé aux articles CCLIII & CCLIV.

C C L V I I.

TOUT Officier qui commandera un détachement fortant du camp, donnera un mot de ralliement à fa troupe, & même, s'il en eft befoin, un rendez-vous pour la raffembler.

C C L V I I I.

QUANT au retour d'un détachement il fe trouvera à la vûe du camp & en dedans des gardes ordinaires, l'Officier qui le commandera fera faire halte à fon avant-garde & mettra fes troupes en bataille à mefure qu'elles arriveront, faifant face en dehors du camp.

C C L I X.

DÈS que son arrière garde l'aura joint, il fera défiler devant lui chaque troupe pour retourner à leur camp.

C C L X.

IL examinera, avant de faire défiler, s'il ne manquera personne, afin de faire châtier les Cavaliers qui se feront absentés.

C C L X I.

S'IL s'en trouve quelqu'un chargé de maraude, il le fera arrêter & conduire sur le champ au Prevôt.

C C L X I I.

APRÈS avoir fait l'arrière-garde de tous les détachemens, il ira rendre compte au Commandant du camp, & à celui de la Cavalerie.

S'il est Mestre-de-camp, il ira rendre compte de plus au Brigadier de sa brigade.

Les autres Officiers depuis le Lieutenant-colonel jusqu'au Cornette, rendront compte de même à leur Brigadier, s'ils ont commandé un détachement en chef, & ensuite au Commandant de leur régiment, à qui ils rendront toûjours compte, quand même ils n'auroient fait que marcher avec leurs troupes, sans avoir de commandement.

C C L X I I I.

LES détachemens qui rencontreront des troupes, ou *Honneurs.* des Officiers généraux, auxquels le salut est dû, en useront à cet égard, de même qu'il est dit pour les gardes ordinaires; si ce n'est qu'à leur retour au camp, les Commandans feront former leur troupe faisant face en dehors du camp, pour saluer les Officiers généraux.

DES MARCHES.

C C L X I V.

TOUTES les fois que la Cavalerie entendra battre la *Boute-selle.* Générale, elle fera sonner le boute-selle.

C C L X V.

AU boute-selle, les Majors de brigade se rendront

promptement auprès du Maréchal-des-logis de la Cavalerie, pour recevoir les ordres qu'il aura à leur diſtribuer.

C C L X V I.

LE piquet montera à cheval, & mettra des vedettes à la queue & ſur les flancs du camp, comme il a été dit au titre du Piquet.

C C L X V I I.

LES Officiers ſupérieurs de piquet ſe trouveront pareillement à la tête du camp, ainſi que le Major de piquet, avec les nouvelles gardes & les campemens.

C C L X V I I I.

CES Officiers ſuivront le Maréchal-de-camp de jour, lorſqu'il ſe mettra en marche pour aller au nouveau camp.

C C L X I X.

A meſure que le Maréchal-de-camp de jour poſtera chaque garde, le Major de piquet en prendra note, & en remettra l'état au Maréchal-de-camp & au Maréchal-des-logis de la Cavalerie, qui en donnera un état au Commandant du camp & à celui de la Cavalerie.

C C L X X.

LE Major ſortant de piquet aſſemblera les détachemens qui ſeront commandés, ſoit pour eſcorter les équipages, ſoit pour faire l'arrière-garde, ou pour toute autre commiſſion.

Il raſſemblera auſſi les vieilles gardes, qui n'ayant pas rejoint leurs corps, devront faire l'arrière-garde, ou en compoſer une partie.

C C L X X I.

Aſſemblée. DÈS qu'on ſonnera l'aſſemblée, les Officiers des compagnies feront abattre, plier & charger diligemment les tentes.

C C L X X I I.

LES Maréchaux-des-logis veilleront avec les Chefs de chambrée, à ce que chaque Cavalier raſſemble ſon équipage, ſans ſe charger de choſes inutiles : ils feront éteindre les feux exactement, & empêcheront que les Cavaliers

ne

ne brûlent la paille du camp, à quoi les Commandans des corps veilleront pareillement.

C C L X X I I I.

L'AVANT-GARDE montera à cheval pour aller prendre les timbales & les étendards.

C C L X X I V.

LORSQU'ON sonnera à cheval, les Cavaliers débou- *A cheval.* cheront pour se mettre en bataille à la tête de leur camp, & le piquet rentrera alors dans les compagnies.

C C L X X V.

LORSQUE le Major de brigade fera mettre son régiment en mouvement, ceux des autres régimens de la même brigade en feront autant; & ils marcheront ensemble en bataille, environ trente pas à la tête du camp, où ils feront halte.

C C L X X V I.

LES Brigades marcheront dans le même ordre qu'elles feront campées.

Dès que la première brigade marchera, les autres exécuteront aussi-tôt les mêmes mouvemens, pour que la ligne se déploye en même-temps.

C C L X X V I I.

AUCUN Officier ne quittera sa troupe pendant la marche, sans la permission du Commandant du régiment.

C C L X X V I I I.

LES Officiers majors se promèneront de la tête à la queue de leur régiment, pour examiner si tout est en règle; & ils en rendront compte au Commandant du régiment.

C C L X X I X.

LES Cavaliers ne pourront sortir de leur rang pour *Cavaliers* s'écarter de la colonne. *à leur rang.*

C C L X X X.

ON obligera ceux qui auront des besoins, à avertir; & on laissera avec eux un Brigadier, qui les obligera de rejoindre diligemment.

M

CCLXXXI.

Valets. LES Officiers pourront se faire suivre dans les marches, par leurs valets à cheval, qui, en ce cas, se tiendront près de leurs maîtres dans les divisions, sans que sous ce prétexte, aucun Officier puisse y avoir de cheval de bât, ou autre bête d'équipage, mais seulement un cheval de main.

CCLXXXII.

Cavaliers écartés. SI quelque Cavalier écarté fait du desordre, on enverra des Officiers pour l'arrêter.

CCLXXXIII.

SI un Cavalier est rencontré hors de la marche de la colonne, sans que les Officiers de sa compagnie aient averti le Commandant du régiment, & celui-ci le Brigadier, celui de ces Officiers qui y aura manqué, sera responsable du desordre que ce Cavalier aura fait.

CCLXXXIV.

LES Officiers, de tel corps que ce soit, feront arrêter tout Cavalier qui ne sera pas à sa troupe, quand même son régiment seroit dans la colonne; & ils le feront conduire à son régiment lorsque l'on sera arrivé au nouveau camp.

CCLXXXV.

Main-forte au Prevôt. LES Commandans des régimens donneront main-forte au Prevôt, s'ils en sont requis, & ils concourront avec lui pour empêcher le desordre.

CCLXXXVI.

Défense de tirer. ILS empêcheront que personne ne tire en marche, & feront arrêter les Cavaliers qui auront tiré, lesquels seront mis pendant huit jours à la garde des étendards.

CCLXXXVII.

Voitures. ILS ne souffriront dans les colonnes des troupes, sous tel prétexte que ce puisse être, ni chaise, ni carrosse, ni aucune autre espèce de voitures à roue.

CCLXXXVIII.

Cris. ILS empêcheront que personne ne crie, ni *halte,* ni *marche,* & qu'on ne fasse passer aucune parole.

CCLXXXIX.

SI les troupes de la queue d'une colonne ne peuvent *Haltes.*
suivre la tête, ou qu'il leur arrive quelque accident qui
les oblige à s'arrêter, il en sera détaché un Officier pour
avertir celui qui commandera la colonne; lequel fera halte,
s'il le juge à propos, jufqu'à ce que la troupe arrêtée
puiffe fe remettre en marche.

CCXC.

QUAND le Commandant du camp paffera le long *Paffage du*
d'une colonne de Cavalerie en marche, les Officiers & *Commandant.*
les Cavaliers, fans s'arrêter, mettront le fabre à la main,
& les Trompettes fonneront.

Si la colonne eft en halte, les efcadrons fe mettront
en bataille.

CCXCI.

LES régimens en arrivant au nouveau camp, fe for- *Arrivée au*
meront en bataille à la tête du terrein qui leur fera def- *nouveau camp.*
tiné; & ils n'y entreront que lorfque le Brigadier l'ordonnera.

DES CUIRASSES.

CCXCII.

TOUS les Officiers, Maréchaux-des-logis, Brigadiers &
Cavaliers, feront tenus de porter leurs cuiraffe & plaftron
toutes les fois qu'ils feront commandés ou détachés pour
quelque fervice à cheval.

CCXCIII.

SI quelque Officier commandé fe trouve au rendez-
vous général des gardes, fans cuiraffe, l'Officier général de
jour ou le Maréchal-des-logis de la Cavalerie, l'enverra au
camp àux arrêts, & en avertira le Commandant du camp.

DES ÉQUIPAGES.

CCXCIV.

LA fuppreffion des voitures à deux roues, à l'exception *Voitures.*
des chaifes, ayant été ordonnée, on ne fouffrira au camp

que des chariots à quatre roues avec un timon, qui feront tirés au moins par quatre chevaux attelés deux à deux.

C C X C V.

LES Brigadiers, Meſtre-de-camps, Lieutenant-colonels ou autres anciens Officiers qui pourroient avoir beſoin d'une chaiſe, en demanderont la permiſſion au Commandant du camp, qui la leur donnera par écrit s'il le juge à propos.

C C X C V I.

IL ne pourra y avoir plus d'un Vivandier, un Boulanger & un Boucher à la ſuite de chaque régiment; & ils auront chacun un chariot ſeulement.

C C X C V I I.

Nombre de chevaux. LES Brigadiers & Meſtre-de-camps ne pourront avoir plus de ſeize chevaux d'équipage, y compris l'attelage d'une voiture à quatre roues.

C C X C V I I I.

LES autres Officiers ne pourront avoir un plus grand nombre de chevaux de monture ou de bât, que celui pour lequel ils reçoivent des fourrages, quand Sa Majeſté leur en fait donner.

C C X C I X.

LES Majors des régimens donneront au Commandant du camp, un état exact de ce que chaque Officier aura d'équipage, & de leur eſpèce.

C C C.

CHAQUE Commandant de brigade choiſira entre les Brigadiers des compagnies dont elle ſera compoſée, celui qu'il jugera le plus capable de faire les fonctions de Vaguemeſtre de cette brigade.

C C C I.

IL ſera choiſi de même par le Meſtre-de-camp, dans chaque régiment, un Brigadier pour faire les fonctions de Vaguemeſtre particulier du corps, lequel recevra les ordres du Vaguemeſtre de brigade.

C C C I I.

LA veille de chaque jour de marche, les Vaguemeſtres

de

de brigade prendront l'ordre du Maréchal-des-logis de la Cavalerie, fur l'heure & le lieu où les équipages devront être conduits le lendemain; & ils le rendront aux Vaguemeftres des autres régimens de leur brigade.

C C C I I I.

Les Vaguemeftres des régimens difpoferont les équipages de leurs régimens en file, fuivant le rang des efcadrons, & celui des compagnies dans l'efcadron.

C C C I V.

Les Vaguemeftres des régimens ne fouffriront point qu'aucun bagage fe mette en marche que le Vaguemeftre de la brigade ne foit venu l'ordonner; ce que les Vaguemeftres de brigade ne feront point que le Maréchal-deslogis de la Cavalerie n'en ait envoyé l'ordre.

C C C V.

Les Vaguemeftres feront arrêter tout charretier & conducteur de bagages, qui fe fera mis en marche avant l'heure ordonnée.

C C C V I.

Il y aura à chaque régiment un étendard nommé *Fanion*, qui fera porté par un des Valets que le Major choifira : la banderole du fanion fera d'un pied en carré, & d'étoffe de laine des couleurs affectées au régiment, dont le nom y fera écrit. *Fanion.*

C C C V I I.

Lorsque le Vaguemeftre de brigade aura reçû l'ordre pour marcher, il fera mettre en marche le bagage de chaque régiment, fuivant le rang que le régiment tiendra dans la brigade. *Marche des bagages.*

C C C V I I I.

Le bagage du brigadier marchera à la tête des équipages de la brigade, & devant ceux des régimens qui la compoferont.

C C C I X.

Le Vaguemeftre de chaque brigade en conduira les équipages pendant la marche, en fuivant exactement les guides qui conduiront la colonne, & fans les devancer.

N

C C C X.

IL fera arrêter tous les Valets qui voudroient paſſer devant le fanion de leur régiment, à la ſuite duquel ils reſteront raſſemblés, à l'exception de ceux qui marcheront avec leurs maîtres dans les diviſions.

C C C X I.

IL veillera à ce que chaque Vaguemeſtre particulier faſſe ſon devoir, & à ce que l'ordre ſoit ponctuellement exécuté.

C C C X I I.

CHACUN des Vaguemeſtres particuliers des régimens, ſera aſſidu pendant la marche auprès des bagages de ſon régiment, & tiendra la main à les faire avancer & ſuivre dans le rang où il les aura mis.

C C C X I I I.

IL ſera commandé un détachement pour eſcorter chaque colonne d'équipage ; & l'Officier qui la commandera devant être inſtruit de l'ordre de la marche, aura ſoin de faire obſerver exactement ce qui aura été ordonné, & de faire arrêter qui que ce ſoit qui voudra croiſer la file.

C C C X I V.

ON ne donnera aucune eſcorte armée à l'équipage particulier de qui que ce puiſſe être, & on n'y enverra aucun Cavalier ; en cas de contravention, le Major du corps dont ſera l'eſcorte en rendra compte au Maréchal-des-logis de la Cavalerie.

C C C X V.

LES Valets ſe tiendront, dans les marches, à l'équipage de leurs maîtres, & les Vivandiers, où ils devront être ſans s'écarter à droite ni à gauche.

C C C X V I.

LES équipages qui ſe feront arrêtés pour quelque cauſe que ce ſoit, ne pourront reprendre la file qu'à la queue des équipages de leur régiment ou de leur brigade ; & ſi ceux de leur brigade étoient paſſés avant qu'ils fuſſent en état de marcher, ils feront obligés d'attendre que tous les équipages de la colonne foient paffés, pour en prendre la queue.

CCCXVII.

AUCUN charretier ni conducteur de bagage, ne coupera ni devancera l'équipage qui le précédera, à moins que celui-ci ne puiffe pas fuivre la colonne.

CCCXVIII.

CEUX qui contreviendront à ce qui eft prefcrit ci-deffus pour l'ordre de la marche des bagages, feront punis fuivant la rigueur des ordonnances.

CCCXIX.

LES menus équipages marcheront dans le même ordre que les gros, lorfqu'ils en feront féparés; en ce cas, outre l'efcorte qui marchera avec les gros équipages, on commandera deux Cavaliers par régiment, avec un Brigadier par brigade, pour contenir les Valets qui feront aux menus équipages.

DES FOURRAGES.

CCCXX.

LORSQU'IL y aura un fourrage commandé, il fera configné dès la veille aux fentinelles de nuit tirés de la garde des étendards, de ne laiffer fortir du camp aucuns Cavaliers ni domeftiques fans la permiffion du Capitaine de piquet; & cette configne fera renouvelée à ceux de la nouvelle garde qui les relèveront.

CCCXXI.

DÈS que le nouveau piquet aura été affemblé le matin à la tête du camp, il pofera à la queue & fur les flancs, des vedettes qui auront la même configne.

CCCXXII.

LES Officiers du piquet fe promèneront à cheval autour du camp, pour voir fi ces vedettes feront leur devoir, & s'il ne fortira perfonne du camp.

C C C X X I I I.

ON commandera, dès le soir, les gardes & les petites escortes pour le fourrage du lendemain.

C C C X X I V.

LES gardes destinées à former la chaîne, seront conduites au rendez-vous, à l'heure indiquée, par un Officier major de chaque brigade.

C C C X X V.

LES petites escortes seront d'un Cavalier par compagnie, & commandées par un Capitaine.

C C C X X V I.

ELLES marcheront chacune à la tête des fourrageurs de leur régiment, jusque dans l'enceinte désignée pour le fourrage.

C C C X X V I I.

LES fourrageurs marcheront dans le même ordre que les troupes sont campées.

C C C X X V I I I.

LES Majors de brigade & de chaque régiment doivent conduire les fourrageurs de leur brigade au rendez-vous du fourrage.

C C C X X I X.

LE Brigadier conduira aussi ceux de sa brigade, & le Mestre-de-camp & le Lieutenant-colonel ceux de leur régiment.

C C C X X X.

IL y aura toûjours un Officier à la tête des fourrageurs de chaque compagnie, pour les contenir ainsi que les valets des Officiers de la compagnie.

C C C X X X I.

LORSQUE le Brigadier ou Mestre-de-camp commandant les fourrageurs de chaque brigade, aura permis de les laisser débander, & qu'ils auront mis pied à terre, les petites escortes seront rassemblées ou dispersées, selon que le Commandant de la brigade ou du camp l'ordonnera.

C C C X X X I I.

LES petites escortes ne se retireront qu'après que les
fourrageurs

fourrageurs de la brigade fe feront retirés; & le Commandant de la brigade les ramènera avec ordre, accompagné de tous les Officiers.

DES DISTRIBUTIONS.

CCCXXXIII.

LORSQU'IL y aura des diftributions à faire, les Cavaliers de chaque régiment y feront conduits en bon ordre, par un Officier major.

CCCXXXIV.

CET Officier aura attention à ce que la diftribution foit faite en règle, & donnera fon reçû de ce qui aura été fourni.

CCCXXXV.

IL fe concertera avec le Commiffaire des guerres qui fera préfent, pour lever les difficultés qui pourroient furvenir, & s'abftiendra de toutes voies de fait.

CCCXXXVI.

S1 le Commiffaire des guerres & l'Officier major ne s'accordoient pas fur la manière de terminer les difficultés furvenues, l'Officier major en rendra compte au Major de brigade, & celui-ci au Maréchal-des-logis de la Cavalerie, & le Commiffaire des guerres à l'Intendant.

CCCXXXVII.

L'OFFICIER chargé de ce détail ne fe préfentera point à la diftribution, qu'il n'ait un état exact du nombre des rations qu'il aura à demander pour le régiment, compagnie par compagnie.

CCCXXXVIII.

IL fe rendra d'abord où le Commis principal tiendra le bureau; & celui-ci lui donnera un Commis particulier pour le conduire avec fa troupe au lieu où la diftribution devra être faite.

CCCXXXIX.

IL fera fait mention fur les reçûs, des quantités qui

auront été délivrées pour chaque compagnie & pour l'Etat-major.

C C C X L.

LE même ordre s'obfervera à toutes les diftributions, de quelque efpèce qu'elles foient.

C C C X L I.

ON chargera, autant qu'il fe pourra, le même Officier, d'affifter toûjours à la même efpèce de diftribution.

C C C X L I I.

LES diftributions fe feront à chaque régiment, dans le rang qui aura été prefcrit à l'ordre.

DE LA DISCIPLINE
& Police du Camp.

C C C X L I I I.

Prendre les armes. AUCUN régiment ne prendra les armes fans la permiffion du Commandant du camp, à moins qu'il ne lui foit ordonné par un Officier général de jour, le Commandant ou le Maréchal-des-logis de la Cavalerie : fi c'eft par l'ordre d'un Officier général de jour, le Major de brigade en avertira fur le champ le Maréchal-des-logis de la Cavalerie, & fon Brigadier.

C C C X L I V.

Uniforme des Officiers. TOUS les Officiers porteront les habits uniformes de leur régiment : ils ne monteront point de chevaux qui n'aient auffi des houffes de cet uniforme; & ne paroîtront point chez le Commandant du corps, ni aucun autre Officier fupérieur, fans être bottés.

C C C X L V.

Campement des Officiers. LES Brigadiers qui ne commanderont point de brigade, camperont régulièrement, ainfi que les Meftre-de-camps & autres Officiers, chacun à leur régiment & compagnie.

C C C X L V I.

LES Officiers majors camperont pareillement à leur régiment, à l'exception des Majors de brigade, lorfqu'il leur aura été marqué un logement dans le terrein de leur brigade.

C C C X L V I I.

AUCUN Officier ne pourra s'absenter du camp, ni même en découcher, quand ce ne seroit que pour un jour, sans la permission par écrit du Commandant du camp; & on s'adressera au Maréchal-des-logis de la Cavalerie pour avoir cette permission.

Absence des Officiers.

C C C X L V I I I.

A l'arrivée des troupes au camp, on fera battre des bans pour publier les défenses ci-après, sous les peines portées par les ordonnances, ou celles qui seront ordonnées par le Commandant du camp, s'il juge à propos d'en infliger de plus sévères.

Bans.

C C C X L I X.

IL sera défendu de rien prendre dans les maisons voisines du camp, ni dans aucun autre lieu, de cueillir aucuns fruits, herbages ni légumes dans les jardins ni dans les champs, de couper aucun arbre fruitier ou autre, ni aucune haie, & d'entrer dans les vignes.

Défenses.

C C C L.

IL sera pareillement défendu à tous Officiers, Cavaliers & Valets, de chasser & de pêcher : les Commandans des corps puniront ceux qui y contreviendront, & en rendront compte au Commandant du camp.

Chasse & pêche.

C C C L I.

MESMES défenses seront faites aux Cavaliers & à tous autres, de prendre quoique ce puisse être aux paysans & autres personnes qui apporteront des vivres & autres denrées au camp, soit à titre de rétribution ou autrement, ni de leur faire aucun tort ou violence, même d'aller au-devant d'eux, soit pour prendre ces vivres en les taxant arbitrairement, ou pour les choisir avant qu'ils soient arrivés au lieu qui sera désigné pour servir de marché, ni de donner aucun empêchement aux moulins: le tout pour quelque cause & sous quelque prétexte que ce puisse être.

Vivres.

C C C L I I.

Qui que ce soit qui se trouvera chargé de hardes ou ustensiles prises en maraude, sera arrêté & envoyé au Prevôt.

C C C L I I I.

Vivandiers. Les Majors ne souffriront point qu'aucuns autres Vivandiers que ceux de leur régiment, s'établissent dans le terrein qu'il occupera.

C C C L I V.

Gens sans aveu. Ils ne souffriront point non plus qu'il y ait aucuns gens sans aveu à la suite des corps.

C C C L V.

Commerce. Nul Cavalier ne pourra aller camper au quartier général ni ailleurs que dans le terrein de son régiment, pour faire aucun métier ou commerce.

C C C L V I.

Ils ne pourront aussi aller au quartier général sous prétexte d'acheter des vivres, sans une permission par écrit de leur Capitaine, signée du Major du régiment; laquelle permission ne pourra être accordée que pour y rester depuis sept heures jusqu'à onze heures du matin.

C C C L V I I.

Les Cavaliers ne pourront rien vendre dans le camp sans une permission par écrit du Major de leur régiment.

C C C L V I I I.

Passer les gardes. Il sera défendu aux Cavaliers de passer les gardes établies autour du camp, sans un congé dans la forme prescrite par les ordonnances: ceux qui se trouveront hors des gardes, sans même y avoir fait de desordre, seront arrêtés & punis comme deserteurs; & on les punira comme voleurs s'ils se trouvent avoir commis du desordre.

C C C L I X.

Les Mestre-de-camps ou Commandans des corps ne pourront permettre à aucuns Cavaliers de passer les gardes du camp, à moins que les congés qu'ils leur donneront ne soient approuvés du Commandant du camp, qui les

fera

fera vifer, s'il le juge à propos, par le Maréchal-des-logis de la Cavalerie.

C C C L X.

S'IL arrivoit qu'on arrêtât aux environs du camp quelque Cavalier qui eût découché fans que fon Capitaine en eût averti, le Capitaine fera interdit & payera le defordre fait par le Cavalier arrêté; & le Commandant du régiment fera mis aux arrêts.

C C C L X I.

IL fera défendu aux Cavaliers de mettre l'épée à la main dans le camp & aux environs. *Mettre l'épée à la main.*

C C C L X I I.

ILS ne pourront tirer ni avoir aucune balle, plomb à giboyer ou moule pour en couler. *Balles & plomb.*

C C C L X I I I.

EN arrivant au camp, les Officiers feront en préfence des Commandans des corps, une vifite exacte des armes & équipages des Cavaliers de leur compagnie; feront décharger les armes avec un tire-bourre, ou, fi cela ne fe peut, les feront tirer devant eux en prenant toutes les précautions néceffaires pour qu'il n'en arrive pas d'accident; & ils prendront toutes les balles & autre plomb que les Cavaliers pourront avoir.

C C C L X I V.

LORSQU'APRÈS les pluies il fera néceffaire de faire décharger les armes, on y procédera de la même manière en préfence d'un Officier, entre neuf & dix heures du matin.

C C C L X V.

A la féparation du camp, les Officiers rendront aux Cavaliers le plomb qu'ils leur auront ôté.

C C C L X V I.

LORSQU'ON affemblera les gardes ordinaires & autres détachemens, il fera donné trois balles à chaque Cavalier commandé pour lefdites gardes & détachemens, par le Maréchal-des-logis de leur compagnie, qui aura attention de fe faire rendre ces balles au retour des gardes & détachemens.

CCCLXVII.

Uniforme des Cavaliers.

IL sera défendu à tous Cavaliers de se travestir, ni porter d'autres habits que les uniformes des régimens dont ils seront, même de retourner leur juste-au-corps, sous quelque prétexte que ce puisse être, ni de prêter leurs habits uniformes à des Cavaliers, Dragons ou Soldats d'autres régimens.

CCCLXVIII.

Jeux.

LES Commandans des corps tiendront la main à ce qu'il ne soit établi dans le camp ni aux environs, aucun jeu de hasard, sous quelque nom qu'il puisse être déguisé; & feront mettre en prison, tant ceux qui auront donné à jouer, que les Officiers qui auront joué.

CCCLXIX.

LES Officiers & Maréchaux-des-logis de piquet visiteront de temps en temps les lieux où les Cavaliers pourroient tenir des jeux dans le voisinage du camp; & ils enverront des patrouilles pour arrêter ceux qui se trouveront en contravention.

CCCLXX.

Cris défendus.

ON ne se servira point dans les camps du mot *arrête,* pour quelque cause que ce soit; & s'il s'agit de faire arrêter quelqu'un, on criera au *voleur.*

CCCLXXI.

LE terme d'*alerte* sera aussi interdit pour y faire prendre les armes; & les Officiers & Maréchaux-des-logis tiendront la main à ce que l'on se serve de celui d'appeler *aux armes.*

CCCLXXII.

Envoi au Prevôt.

LORSQUE les Majors des régimens enverront quelque Cavalier ou Valet au Prevôt, ils marqueront sur un billet le sujet pour lequel ils y seront envoyés.

CCCLXXIII.

Deserteurs étrangers.

AUCUN Officier ne pourra engager un deserteur venant du pays étranger, ni acheter ses armes ni son cheval, qu'après qu'il en aura obtenu la permission du Commandant du camp.

C C C L X X I V.

Les chevaux qui feront trouvés fans maîtres ou fans *Chevaux perdus.* conducteurs, dans le camp ou aux environs, feront conduits chez le Prevôt, qui les rendra à qui ils appartiendront.

C C C L X X V.

On reftituera de même, fans rien payer, ceux qui ayant été volés ou perdus, feront réclamés par leurs maîtres, quand même ils auroient été vendus par ceux qui les auroient volés ou trouvés; devant être défendu à qui que ce puiffe être, d'acheter des chevaux que d'une perfonne connue.

C C C L X X V I.

Les Majors des régimens rendront compte exactement *Compte à rendre.* à leur Commandant & à leur Brigadier, de tout ce qui s'y paffera de contraire à la difcipline, & des punitions qui auront été ordonnées; & les Brigadiers en rendront compte au Commandant de la Cavalerie, qui de fon côté informera le Commandant du camp de tout ce qui méritera attention.

Fait à Verfailles, le vingt-neuf juin mil fept cent cinquante-trois. *Signé* M. P. de Voyer d'Argenson.